問題天天多
系列

為什麼我要上學？

凱・巴納姆　著　　帕特里克・科里根　繪

新雅文化事業有限公司
www.sunya.com.hk

問題天天多系列

為什麼我要上學？

作　　者：凱・巴納姆 (Kay Barnham)

繪　　圖：帕特里克・科里根 (Patrick Corrigan)

翻　　譯：張碧嘉

責任編輯：楊明慧

美術設計：蔡學彰

出　　版：新雅文化事業有限公司

　　　　　香港英皇道499號北角工業大廈18樓

　　　　　電話：(852) 2138 7998

　　　　　傳真：(852) 2597 4003

　　　　　網址：http://www.sunya.com.hk

　　　　　電郵：marketing@sunya.com.hk

發　　行：香港聯合書刊物流有限公司

　　　　　香港荃灣德士古道220-248號荃灣工業中心16樓

　　　　　電話：(852) 2150 2100

　　　　　傳真：(852) 2407 3062

　　　　　電郵：info@suplogistics.com.hk

印　　刷：中華商務彩色印刷有限公司

　　　　　香港新界大埔汀麗路36號

版　　次：二○二一年十月初版

ISBN: 978-962-08-7850-3

Originally published in the English language as

"*Why do I have to…Go to School?*"

Franklin Watts

First published in Great Britain in 2021 by

The Watts Publishing Group

Copyright © The Watts Publishing Group 2021

Traditional Chinese Edition © 2021 Sun Ya Publications (HK) Ltd

18/F, North Point Industrial Building, 499 King's Road, Hong Kong

Published in Hong Kong, China

Printed in China

目錄

為什麼我要這樣做？

人人都有各自不想做的事情。

我不想刷牙！

我不想吃
紅蘿蔔！

我不想到廚房
拖地⋯⋯

那麼我們為什麼要做這些事情？

通常背後都有一個極好的原因，例如：
- 刷牙可以防止蛀牙。
- 吃蔬菜能令身體保持健康。
- 拖地能去除細菌，保持地板清潔。

這本書關於上學，以及上學的重要性。你可能已經猜到一些要上學的原因，但另一些原因可能會令你感到驚訝。

當你讀到最後一頁，你就能告訴大家為什麼**上學**這樣棒！

但我更想玩耍！

暑假快要結束了。沒多久，荷莉就要開學。但她另有想法。

「我不上學了。」荷莉堅決地説，「我要留在家裏。」

爸爸揉了揉下巴，説：「是嗎？為什麼呢？」

「當然是因為留在家裏更好玩啊！」荷莉回答，「我可以在家裏看電視、焗蛋糕，也可以跟朋友到公園玩耍。上學一點也比不上留在家裏那麼有趣！」

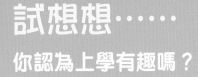
試想想……
你認為上學有趣嗎？

試想想……
如果有外星人來訪地球，你會怎樣跟他們介紹學校？

「那麼，你不想學習那些新奇的知識，不想彈奏樂器，不想參加運動會嗎？」爸爸問。

荷莉咬咬唇，她心裏有點動搖。

「如果你的朋友都上學去了，還有誰跟你在家裏玩？」爸爸說。

「你？」荷莉熱切地望着他。

爸爸搖搖頭說：「我也忙着工作呢。」

荷莉説：「好吧。我去上學，還會學習吹笛子……吹得很大聲！」

「太好了！」爸爸笑着對荷莉説。

你知道嗎？
- 學校提供很多學習用品、設施和活動，是家裏沒有的。
- 如果你不上學，就會錯過你的朋友所經歷的新奇、有趣的事情。

我不舒服！

吃早餐的時候，珍美一臉痛苦，說：「哎喲！」

「怎麼了？」祖母問。

「我的頭很痛。」珍美哭着說，
「還有肚子也痛，手肘也痛。」

珍美想了想。

「我的拇指也有點
怪怪的，整個人都
不舒服。我不能去
上學了！」

祖母説：「喔！看來你患上嚴重的疾病。」

「真……真的嗎？」珍美緊張地問。

祖母點點頭，然後替珍美量體溫。「哦，原來是這樣的。」祖母説。

試想想……
你認為珍美有什麼不妥？

原來珍美的頭、肚子、手肘和拇指都沒有不適，是她編造出來的。

「昨天在學校發生了什麼事？」祖母關切地問。

「我跟同學聊天，但老師請我安靜些。」珍美坦白地說，「這件事令我很不開心。」

「你需要的『藥物』就是投入全新一天的學校生活。」祖母說着，把珍美緊緊擁抱，「如果你聽老師的話，今天肯定會比昨天好。」

珍美微笑着，深吸一口氣：「好吧。我上學去了。」

你知道嗎？

- 如果你因為某種原因不想上學，把你擔心的事情告訴大人，他們很可能會幫上忙。

- 如果上學時遇到不開心的事情，不要避而不談。將事情告訴別人，是一個很好的處理方法。

13

我下星期不想上學！

泰拿上學已一星期了，他告訴媽媽：「我下星期不去上學了。」

「為什麼呢？」媽媽問。

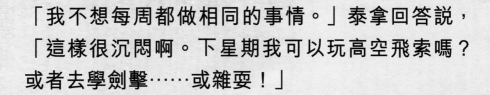

「我不想每周都做相同的事情。」泰拿回答説，
「這樣很沉悶啊。下星期我可以玩高空飛索嗎？
或者去學劍擊⋯⋯或雜耍！」

媽媽搖搖頭，説：「不行，
你還是要去上學。」

泰拿垂頭喪氣。「為什麼？」
他哭着説。

試想想⋯⋯
你認為泰拿為什麼要
繼續上學？

「在學校裏，你不會一星期就學懂所有東西。」媽媽說，「還有很多東西讓你去發現。如果你不上學，你的新朋友會掛念你呢。」

「也是的。」泰拿說。

「泰拿，你喜歡學校的哪些活動？」
媽媽問。

泰拿馬上回答：「我喜歡故事時間。
老師會用有趣的聲音跟我們講故
事。」他笑着説，「那麼我都是去上
學吧⋯⋯」

媽媽給他一個擁抱，説：「你的決定
沒錯，你會感到高興的。」

你知道嗎？

· 一年之中，孩子只有大約
一半時間去上學。所以，
還有很多時間做別的事
情！

· 許多學校都有很棒的圖書
館。在圖書館裏可以讀到
很多精彩的故事！

我很害怕！

馬斯搬了家。新的家在另一個地區，可是他不大適應新環境。最糟糕的是，他要到新學校上學！因此他有點害怕。

「別擔心。」爸爸說，「你很快就會認識到新朋友。」

「我不要新朋友！」馬斯說，「我想回去以前的學校，跟以前的朋友玩。我可以走路，或乘搭巴士上學嗎？」

爸爸搖搖頭，說：「看來不可行，因為你的舊學校距離這裏太遠了。」

試想想……
你會跟馬斯說些什麼，令他不再害怕到新學校上學？

19

第二天，馬斯坐在花園裏，向着圍牆拋球。

咚……咚……咚。

「嗨！」牆外傳來一個聲音。

馬斯抬起頭，看見一個男孩正注視着他。
「哈囉。」馬斯沒精打采地説。

「我叫班尼。」男孩説，「你想過來一起玩嗎？」

一個小時後，班尼已成為馬斯的新朋友了。

最驚喜的是，班尼跟馬斯都就讀同一所學校！

現在，馬斯很期待星期一的來臨。因為他覺得新學校沒想像中那麼糟糕。

你知道嗎？

當孩子來到新學校上學，老師很可能會請另一個孩子協助他適應新環境。這個「朋友」會帶新同學認識校園，幫助他融入學校生活。

我全部都學會了！

高怡什麼東西都知道。

她知道將紅色和黃色顏料混合後，便會變成橙色。

她知道一年有四季，知道地球以外還有太空，也會計算複雜的加數。

她還會寫「困難」這兩個字。

「我不用再上學了，因為我已經學會所有事物了。」高怡跟祖父說。

「是嗎？」祖父揉着鬍子說。

試想想⋯⋯
你知道些什麼？你已經學會了所有事物嗎？

23

「你會説希臘語嗎？」祖父問高怡。

高怡想了想，説：「嗯⋯⋯不會。」

祖父告訴高怡，他仍在不斷學習新事物。

昨天，祖父發現如果有東西出現問題，有時候把它關掉再啟動，就能回復正常。

「嘩！這個方法我也不知道。」高怡説。

「我以為你什麼都知道呢。」祖父説着，眨了眨眼。

高怡決定都是繼續去上學。

你知道嗎？
· 沒有人是無所不知的。
· 即使你完成學業，你還是要不斷學習。

上學很悶！

奧瑪一點也不喜歡上學。

「課堂上的活動都不有趣！」
他跟最好的朋友盧卡說。

「這個星期，我們來認
識古埃及人。」老師說，
「我們會學習有關金字
塔、法老和木乃伊的知
識。」

「真棒！」盧卡說。

奧瑪別過臉去。「很沉悶……」他喃喃自語。

試想想……
你認為學校有些科目很沉悶嗎？這些科目有沒有一些有趣的事情？

老師向同學講述古埃及人如何將法老變成
木乃伊。

「嘩！」盧卡說。

奧瑪什麼話都沒有說。他聽得目瞪口呆。

「你知不知道，原來古埃及人製作木乃伊前，會用鈎子把腦袋從頭裏取出來！」奧瑪放學後跟爸爸說。

奧瑪的爸爸感到有點噁心。

奧瑪說：「爸爸，我覺得上學很精彩！」

上學小貼士

開學前

- 參加學校的開放日，能讓你更熟悉學校。
- 請父母或照顧者在你的校服和書包縫上名牌，以免遺失。
- 預先熟習上學的路線，能讓你知道上學所需時間，避免遲到。
- 如果對開學感到擔心和不安，可以跟父母或照顧者談談。如果覺得很興奮，也可以告訴他們！
- 最重要的是，你能夠自己穿校服和上廁所。

開學時

- 上學的第一天，請一位家庭成員為你拍一張照片。
- 每天放學回家都要檢查書包，裏面可能有一些給家長或照顧者的信件。
- 每當學校有活動時告訴家人，讓他們能跟你一起參與。
- 每天放學後，給父母或照顧者朗讀故事。這樣，你很快就會成為非常愛讀書的人！
- 最初，你可能感到上學比以往更累。謹記要早點休息，睡個好覺。

更多資訊

延伸閱讀

《小跳豆幼兒生活體驗故事系列：上學的第一天》
作者：辛亞
（新雅文化事業有限公司，2021 年出版）

《寶寶快樂成長系列：我愛上學》
作者：佩尼・塔索尼
（新雅文化事業有限公司，2021 年出版）

《孩子入學心理故事系列：怎麼辦？我不想上學》
作者：朴惠善
（新雅文化事業有限公司，2019 年出版）

相關網頁

衞生署家庭健康服務：預備上學去
https://www.fhs.gov.hk/tc_chi/health_info/child/13037.html

親子天下：了解孩子的擔心，化解孩子上學後的分離焦慮
https://www.parenting.com.tw/article/5087140

詞彙表

蛀牙（tooth decay）
牙齒被細菌或其他物質侵蝕而變壞。

細菌（germs）
微小的生物，能令人生病。

藥物（medicine）
生病時服用的藥水或藥丸，能減輕身體不適。

高空飛索（zip wire）
冒險公園裏的遊樂設施。透過一條鋼索，你可以從高處滑下來。

希臘語（Greek）
希臘人說的語言。

古埃及人（ancient Egyptian）
很久以前住在埃及的人。

金字塔（pyramid）
古埃及的著名建築物，底部呈正方形，四邊向上傾斜，頂部是尖的。

法老（pharaoh）
古埃及的皇帝或皇后。

木乃伊（mummy）
很久以前用繃帶包裹着的屍體。